tourner la page

« Tout ce qui mérite d'être appris
ne peut être enseigné »

A ma fille, Marie

Remerciements

Merci à vous tous, d'être là. Ma famille, mes amis. Merci de votre amour, de votre soutien. Je vous dois tant. Merci.
François

Note de l'auteur : toute ressemblance avec des faits ou des personnages existants ou ayant existé serait fortuite et involontaire

PS : ... à part peut-être la grenouille - que Marie a représentée en couverture - qui existe certainement 😊 ...

aréopage

La grenouille

Connaissez-vous l'histoire cruelle
De la grenouille dans une gamelle
Qui profite de l'eau glacée
Sans voir la menace pointer ?

Le feu prend sous la casserole,
Le batracien ne bouge pas,
Trop absorbé par ses idoles
Ou rêvassant d'on ne sait quoi.

L'eau a tiédi mais l'animal
S'est habitué au changement.
La bête à sang-froid est bien pâle.
Elle reste immobile pourtant.

Et quand l'eau commence à bouillir,
Il y a longtemps que la grenouille
A poussé son dernier soupir
Et laisse flotter sa dépouille.

Chacun fera ses conclusions.
Sur les facultés des grenouilles.
Faites tout de même attention
Quand quelque chose vous gratouille.

Il est des signes quelquefois
Qu'il vaut mieux savoir affronter.
Qu'on soit à sang chaud, à sang froid…
Vous sentez cette odeur de brulé ?

Le paresseux

Le paresseux est un cousin,
Des animaux sans ambition.
Il ne connaît qu'un seul refrain,
C'est le crédo de l'abstention.

Il est assez lent de nature,
Mais il surprend par sa vitesse,
A changer promptement d'allure,
Quand on rappelle ses promesses.

Je ne connais pas cette espèce,
Pour autant que je m'en souvienne.
Ah ! Mon ami, je le confesse,
Je sens venir une migraine.

Si vous n'avez besoin de rien,
Il fera toujours votre affaire.
Demandez-lui un coup de main,
Il saura bien vous en distraire.

Les moutons

La laine du mouton est un doux attribut,
Qui fait la dimension, d'animaux sans appâts.
Adulte ou prépubère, sa voix ne change pas,
Une seule suffit à ces individus.

Et il est une chose que le mouton sait faire,
Bien mieux que personne et dont il se sent fier.
C'est mimer à tue-tête ce qu'il entend partout,
Maintenant son courage au niveau des genoux.

Quarante ans ont suffi, quelques générations,
A enseigner la peur, à bêler sans passion,
Pour dire bien plus fort une pensée unique,
Les ovins ont forgé nos sens politiques.

Le crabe

Un crabe m'a conté une histoire bien triste,
Un homme sans problèmes, menait sa vie sans bruit.
Au port on en parlait, sans savoir trop sa vie.
D'aucuns le qualifiait, un peu comme un touriste.

Nul ne sait d'où il vient, on le voit toujours seul,
Il passe peu en ville, seulement pour attendre.
Les gens parlent beaucoup, personne pour l'entendre.
On ne sait rien de lui, ni rien de ses aïeuls.

Il est maigre et souriant, sous son regard profond,
Une blessure quelque part, au fond de son iris.
Ceux qui l'ont vu de près, soupçonnent une cicatrice,
Là au-dessus du cou, juste sous le menton.

Les gros poissons, qui mordent bien autant qu'ils respirent,
Le prennent pour un rien, il faudra bien lui dire !
La petite friture, plus au courant de tout,
Argotent sur son mystère, comme on crierait au loup.

Une éponge émotive, qu'il avait en voisine,
A vite repéré ses départs récurrents,
Chaque lundi matin, dans son costume marine,
Il reprenait le train, silencieusement.

Et un jour est venu, il s'est évaporé.
Les épaisses méduses racontent sur le marché :
« Certains disent que le crabe y est pour quelque chose,
Certains disent que le crabe, fait sa métamorphose ».

La basse-cour

La basse-cour est un haut-lieu
De creux discours, de jugements.
Pourrait-on en attendre mieux,
Quand on connaît ses habitants ?

La poule souffre de complexes,
Faut dire que la vie est cruelle :
Pourquoi l'avoir affublée d'ailes,
Si c'est pour marcher à l'index ?

Quant à l'assurance des poules,
Qui savent continuer un chemin,
Sans tête, fût-elle d'ampoule,
C'est le secret de leur instinct.

La bête flambe aux étincelles
Qui jaillissent en elle au prétoire.
Elle se sent dans sa citadelle,
Dès qu'elle s'approche des robes noires.

Le condamné est un faisan,
Jugé pour un maigre délit.
Avant même les plaidoiries
Il est coupable, c'est évident.

La poule cherche le marteau,
Pour donner enfin son verdict.
Mais il fait noir dans le cerveau,
Qui veut prononcer la vindicte.

L'animal sait pourtant y faire,
Elle porte si bien la cagoule,
Que même avec une tête en l'air,
Elle sait juger, ça la défoule.

Si vous êtes un jour condamné,
Par une poule ou sa tribu,
Ne cherchez pas à négocier,
Vous risqueriez d'être déçu.

La gallinacée sans cervelle,

Fait assez peu de sentiments.

On lui a trop coupé les ailes,

Pour qu'elle épargne un mâle faisan.

Morale

« Que l'on soit aigle ou bien faisan,

Méfions-nous des gallinacées,

Qui mettent leur tête à couper »

L'ours

L'ours malgré son poids n'a pas en proportion
D'attributs à sa taille, entre les pattes arrière.
Il peut être craintif, couard, pris d'émotion
Au premier bruit qui court ou sous un courant d'air.

Approchez-vous de lui mais méfiez-vous quand même,
De son air pataud, de son allure amène.
Bien léché ou pas, l'ours est un quadrumane
Qui gère son humeur, à grands coups de tatanes.

Les ours ne sont pas cachés dans les cavernes,
Ils peuplent les cités de nos ères modernes.
Vous allez en croiser peut-être même ici,
De plus en plus nombreux, de plus en plus petits.

Cœurs de gazelles

C'est le grand jour à Khamilia,
Les deux gazelles sont au départ.
Un an qu'elles rêvent d'être là,
Un an sans guide, l'esprit routard.

Elles sont tatouées, de cette folie,
Qui rend les dunes attractives.
Elles sont aidées les deux jolies,
D'une volonté instinctive.

Les scientifiques ne savent pas,
Dire comment cet animal,
Aux habitudes méridionales,
Se révèle être de sang-froid.

Le bras de fer est discipline,
Etrangère de testostérone.
Les défis sont une cuisine,
Qui se jouent bien des hormones.

Ne cherchez pas dans leur sourire,
Un quelconque trait de faiblesse.
On les voit rarement venir,
Leurs feux ne sont pas de détresse.

Le mécano se tient la tête,
Il a croisé une gazelle,
Sous la visière, les deux prunelles,
D'une frangine à l'œil d'athlète.

Celui qui donne le départ,
Est bien long à baisser le bras.
C'est leur équipage qui part,
Sous les casques, des cris de joie.

Cette course ne joue pas la montre,
Elle est pilotée par boussoles.
Personne n'est vraiment pour ou contre,
Il faut gagner en banderoles.

Les dunes brulantes en ont piégé,
Des burinées et des tatouées.
Elles ne connaissaient pas les gazelles,
Les deux frangines, les deux gémelles.

Le premier jour est difficile,
Histoire de cap, histoire d'auto.
Le Maroc peut devenir hostile,
Loin de la plage Cabo Negro.

L'œil du compas les a perdues.
Elles auraient pu suivre un troupeau.
Ceux qui connaissent les Gazeaud,
En auraient été bien déçus.

Les jours s'enchainent dans la course,
Les téléphones sont rangés.
Les montres n'ont plus la ressource,
De permettre au temps de compter.

Sous une couverture de survie,
Sous l'arbre creux de l'oasis,
Les deux sœurs se sont endormies.
Huit jours de course, sans cicatrice.

Au premier soleil du matin,
Elles reprennent déjà la piste,
Elles n'ont pas grand-chose de touristes.
Jusqu'à la ligne tout au moins.

Mais l'histoire n'est pas écrite,

Je m'étais surpris à rêver.

Elles viennent à peine d'être inscrites,

Il faut encore les aider !

Papillon ♪

Un soir je marche, sans intention,
Près du canal, sous les balcons,
A l'angle de la rue des conventions
J'y ai croisé un papillon.

Et si un jour, tu devais parler,
Que dirais-tu ?
Et si un jour tu devais partir,
Où irais-tu ?

L'automne est là, la lune efface,
L'heure colorée et toutes les traces,
Des gens heureux, passants d'hier,
Venus de rien, cœurs de poussière.

Et si un jour, tu devais parler,
Que dirais-tu ?
Et si un jour tu devais partir,
Où irais-tu ?

J'ai hiberné, tellement longtemps
Revoir la rue, sortir devant,
Ma caverne là-bas, est ma prison,
Ma délivrance, mon illusion.

Et si un jour, tu devais parler,
Que dirais-tu ?
Et si un jour tu devais partir,
Où irais-tu ?

Le papillon se désespère,
Ouvre ses ailes et change d'air,
Déjà dix ans, déjà dix heures,
Choisis demain, d'autres couleurs,

Et si un jour, tu devais parler,
Que dirais-tu ?
Et si un jour tu devais partir,
Où irais-tu ?

Ouvre la porte, prends un destin,
Qui brûle un jour, puis qui sourit,
N'accepte plus, d'autres desseins,
A part les tiens, en vert, ou gris.

Si un jour, tu devais parler,
Que dirais-tu ?
Et si un jour tu devais partir,
Où irais-tu ?

N'accepte plus, d'autres desseins,
Comme ceux issus, de tes voisins.
Ouvre la porte, prends un destin,
A pleins poumons, à pleines mains.

Et si un jour, tu devais parler,
Que dirais-tu ?
Et si un jour tu devais partir,
Où irais-tu ?

Le papillon s'est envolé,
Il a laissé tomber les murs,
Sa maison n'a plus de bordures,
Où les rêves risquent d'échouer.

Le feu

Poésie collective, issue de l'imaginaire illustré de Christine et d'Audrey, et inspirée par Jean-Patrick

Avec par ordre d'apparition :

- « ELLE », la firme
- « MU », une équipe de farfelus spécialisée dans les interventions de dernier recours

ELLE trône près de la lisière,
Depuis quatorze décennies,
Une société sure, prospère,
Qui à tous les problèmes survit.

C'est la belette qui la première,
Par intuition, ou par instinct,
A reconnu dans le lointain,
Le point curieux, vers la clairière.

Chez ELLE pourtant, tout restait calme,
Et si d'aucuns criaient au loup,
Toujours les mêmes, qui s'enflamment
Pour rien et qu'on prend pour des fous.

Le feu a pris, sans que personne,
Ne sache comment une petite flamme,
Pouvait venir, sans télégramme,
Menacer la firme amazone.

ELLE s'était inquiétée, pourtant,
Et consulta, tous les corbeaux
Qui de leurs arbres, le ventre grand,
Ne lui parlèrent que de complots.

Le feu gagnait, de champs en champs,
Ce qui composait son empire.
ELLE décida de s'enquérir,
De l'avis des mangeurs de glands.

« Que fîtes-vous les écureuils,
L'année dernière quand vos noisettes,
Furent dévorées sous les feuilles,
Et que vint l'heure de la disette ? »

Le plus audacieux des rongeurs,
Lui confia alors son secret,
« Nous n'avons trouvé de sauveur,
Dans notre espèce, fussent-ils âgés. »

« Il existe, près de la grande motte,
Qui sert de repère aux coyotes,
Une firme de farfelus,
Et de mémoire, son nom est « MU ».

« Je n'ai pas compris leur méthode,
Mais les glands sont réapparus,
Après une courte période,
Et sans qu'on n'en ait débattu.

ELLE convoqua son directoire,
Et tint à peu près ce langage,
« La situation vire au carnage,
Il est urgent de se mouvoir ».

« Allez me chercher cette équipe,
Avant que mes troupes ne s'étripent.
Envoyez-leur quatre faucons
En leur donnant la situation ».

MU arriva au complet,
Sans amulettes et sans grigri,
S'installa tout près du puits,
Y déposa un calumet.

« Nous voudrions voir l'éléphant,
Le poisson rouge et le serpent,
Trouvez la bible de la maison,
Et laissez-nous pour une saison ».

Ils furent nombreux à questionner,
A critiquer, à commenter,
Ce que faisaient les gens de MU.
Se réunir à leur insu !

Même ELLE qui avait choisi,
La méthode avec le colibri,
Fut surprise, de voir arriver,
Quatre grands singes, illuminés.

C'est que l'échéance s'approchait,
Sur laquelle MU s'était engagée.
Ils avaient fixé rendez-vous,
Aux premiers jours du mois d'août.

Les quatre singes, étaient sur scène,
Leur première mimique les fit rire,
Un temps plus tard ils comprirent,
Ce qu'ils montraient là dans l'arène.

Les premiers à se reconnaître,
Furent le papillon, la limace,
Et bientôt à chaque grimace,
Un avatar, semblait paraître.

Chacun y fut représenté,
Avec ses airs, avec ses tics,
Même le putois, le porc épic
Ne seront pas plus épargnés.

ELLE ne fut plus jamais la même,
Comme une ruche, elle fonctionnait,
Où chaque abeille, sans barème,
Savait quoi faire et où aller.

L'histoire ne dit pas comment,
ELLE est venue à bout du feu.
On sait juste pour les curieux,
Qu'il fut question d'engagement.

Une mouette à Lyon

L'oiseau volait, le long du fleuve.
Seul un enfant le remarqua.
De ses grands yeux bleus qui s'émeuvent,
Il avait demandé « Pourquoi ? ».

Son père n'était pas vraiment là,
Guidé par un écran muet.
Lui aurait dû s'en inquiéter,
Mais le réseau ne passait pas !

Une mouette à cette latitude,
Était bien loin de son climat.
Si l'on accepte l'habitude,
L'oiseau ira bien au-delà.

Alors chantèrent les cigales,
Comme un signe de nos excès,
Quand toute la gent animale,
Ne sait plus comment nous parler.

Métal

Dans les musiques que je préfère,
Figurent Brel et Aznavour.
Et passent les anniversaires,
Sans que soit terni cet amour.

Une puce investit mon oreille,
Et y jeta une bouteille.
Un message pour qui veut entendre,
Un autre son qui peut surprendre.

Est-ce une fièvre de cheval,
Ou la verdeur d'autres pâtures,
Qui poussèrent mon animal,
A écouter loin des bordures ?

En la matière, je suis coton,
De ceux qui prennent la diagonale,
Pourtant, j'ai bien monté le son,
Pour un instant couleur « métal ».

Le lion

Le lion sous sa crinière
Finissait son repas,
Tout près de la clairière,
Un peu plus loin là-bas.

Deux petits colibris
Ont suffi à emplir
Sa panse rabougrie,
Sans même les finir.

Malgré la collation,
La bête est bien morose
A poser des questions
Pour la moindre des choses.

Un rat passait par là
Qui ne pouvait s'enfuir.
Surpris par le grand roi
Il se mit à blêmir.

« Qu'es-tu donc devenu
Depuis notre secret ?
A quoi t'attaches-tu,
Pour être si fluet ? ».

Le lion de sa stature,
Regardait courte patte,
Comme on fait la lecture,
De ceux qui nous épatent.

« Petit rat familier,
Ne crains rien de mes griffes.
Je n'ai pas oublié
Ton museau décisif ! »

« J'ai construit mon royaume,
Aidé de ma police,
Aucun des autochtones,
N'ose approcher mes fils ».

« Je mords quelques gazelles,
Quand la faim me tourmente,
Mais je choisis chez elles,
Les malades, les lentes ».

« Me rendra-t-on justice,
D'avoir organisé,
Sans aucun bénéfice,
La pérenne cité ? »

« Pour comble de malheur
Je ne vois des sujets
Que leurs gras postérieurs
Quand j'ouvre mon caquet ».

Le rat estomaqué,
Fit alors sa tirade,
Heureux de s'adresser,
A une âme camarade.

« Montre toi vulnérable
On t'a donné des dents
Tu n'en es pas coupable
Ton royaume est si grand ! »

« Revendique le cœur
Qu'on t'a greffé dedans
Qui fait que la douleur
Coule aussi dans ton sang ».

« Si ton œil militaire
Fait peur à cet endroit
Tu feras le désert
S'il est ta seule foi ».

« Celle qui te tient la main,
Se désole en silence,
De voir tous les matins,
Survivre tes défenses ».

Morale de l'histoire
« Quand partout on s'impose,
De cacher sa faiblesse,
Epuiser sa richesse
Est le retour des choses ».

Le repaire

La lionne, le saviez-vous ?... tient sa fierté bien haute,
Approcher ses enfants n'est pas sans quelques risques.
Osez les critiquer, vous vivrez sans ménisques.
Mais le pire n'est pas là, en voici quelques notes.

L'animale est bâtie sur une certitude.
Elle sait le bon chemin et vante les vertus
Qu'On lui a octroyé, comme un précieux tribut.
Ceux qui en ont douté, ont changé d'altitude.

J'ai croisé le chemin d'une jolie féline.
Quand j'ai laissé trainer, au fond de la caverne
Des rites personnels, des humeurs anodines,
J'ai terminé la nuit, là-bas dans la citerne.

Si vous la surprenez, dans un de ses instincts,
Où elle va de travers. Un jour, le lendemain,
Elle niera tout en bloc, croix de fer, croix de bois.
Elle n'est pas étrangère à la mauvaise foi.

J'ai croisé cette race dans certaines tribus,
Des spécimens vivants, courent souvent les rues,
À déclarer en face que rien n'est arrivé,
Quand manifestement, la chose est avérée.

Si vous voulez la paix, oubliez vos principes,
Adoptez au plus vite le credo de la lionne.
Et même considérez, quoi qu'en disent vos tripes,
La chance que vous avez de vivre près du trône.

Le chiot est animal, doté d'une mâchoire
Capable de croquer même sans appétit.
Ses aboiements complètent, les armes qu'il fourbit
Quand vous vous approchez trop près du territoire.

Il ne sait pas sa force et croque tant qu'il peut.
Qu'importe si le sort, le prive de raison
Du moment qu'il estime que ça en vaut le jeu,
Ses petits coups de dents, sont autant de leçons.

Il oublie aussitôt que se crocs se détendent,
Et n'a pas la mémoire de ses derniers forfaits.
Il est même surpris, dès qu'on le vilipende.
Comment peut-on se plaindre, de ce qu'il aurait fait ?

S'il est un responsable, au sens du canin,
Ce ne peut être lui, sa morsure n'était
Qu'un acte justifié par un si grand chagrin !
On entre dans son aire, on entre sans frapper !

L'ours n'aime rien tant, qu'être dans sa caverne.
Il a l'air insensible à tout son entourage,
Et il grogne souvent, pour quelques balivernes.
Il est des animaux que le silence gouverne.

L'animal est docile, surtout quand il hiberne.
Pour le reste du temps, il affiche des cernes,
Traces de ses soucis, marques de la fatigue
Qu'il a accumulée, en tensions, en intrigues.

Vivre avec l'animal n'est pas une sinécure
Ça prend de la patience, ça demande du temps
Pour comprendre la bête et éviter ses dents,
Sinon l'agacement vous envoie dans le mur.

Imaginez la scène, les trois bêtes partagent,
Le même lieu de vie, le même territoire.
Quand je dis partager, c'est matin jusqu' au soir
Une bataille rangée, pour occuper la cage.

Chacun est sur les dents, à faire respecter
Sa petite surface qui mord sur les autres,
Il faudrait apporter trois cierges et un apôtre
Pour faire de ce lieu, un endroit apaisé.

Les bêtes sont fourbues, lassées et déprimées,
Leurs oreilles sont fermées, aux autres doléances,
Leurs bouches sont asséchées à se plaindre d'offenses,
Dont leur histoire commune, a été jalonnée.

Il n'est question ici, que de quelques travers,
Chacun évidemment est gens de qualité,
Il faudrait être aveugle, malhonnête ou amer,
Pour nier que ceux-là, savent se comporter.

L'histoire ne dit pas, comment cela finit.
Les témoins de ces faits se sont tous éloignés.
Dehors c'est silencieux, il n'y a plus de bruit.
Le jardin est très vert et la cage isolée.

Bocal

Le temps a bloqué son élan,
Pour mettre les pendules à l'heure.
Il est inédit l'incident,
Qui nous limite à l'intérieur.

Dans un bocal, cet univers,
L'eau, les pierres et la lumière,
Sont un tout, un monde à part,
Indépendant, comme à l'écart.

Les animaux qui s'y complaisent,
Ont l'air de rêver d'autre chose.
Les poissons y semblent à l'aise,
Ils restent pourtant sous hypnose.

Celui-là cherche son endroit,
Quelque part, près d'une clairière,
Pour se poser tout près d'un bois
Et peindre son espace en vers.

A l'autre bout de la cité,
Un scorpion lion accoutumé
A laisser le temps se défaire,
A décidé de changer d'air.

Le feu qui brûle l'animal,
Est également sa vertu.
Cette chaleur fondamentale,
Fait l'humeur de l'individu.

Les deux animaux en cabanes,
Ne sont plus piégés pour longtemps.
Partout autour, tout est en panne.
Il n'est pas très loin le moment.

Le monde ailleurs est à l'envers,
Qu'un petit grain a chamboulé.
Les nourritures de la terre,
Prennent ce temps pour nous parler.

L'encre de feu et l'encre à l'eau,

Tracent une ligne circonflexe.

A la surface du ruisseau,

En petits mouvements connexes.

Ils sont encore seuls aujourd'hui,

Les deux animaux confinés,

Mais ils écrivent sans un bruit,

A quoi peut ressembler l'été.

tapage

Le jardinier

J'en ai planté des fleurs, des arbres, des taillis,
Un pommier sur la butte, une haie par ici.
Chaque nuit à penser le plant du lendemain,
Chaque rêve à vouloir, qu'elle s'y sente bien.

J'ai même pris des notes, pour ne pas oublier,
J'écoutais sans rien perdre, ce qu'elle voulait rêver.
Hier lui avait déplu, mais demain elle verrait
Le jardin qu'en silence, je lui confectionnais.

Et petit à petit, je me suis rapproché.
Je lui tenais la main pour bien le lui montrer.
Le jardin devant nous, ne sembla pas lui plaire
J'argumentais en vain ; elle ne vit qu'un désert.

Alors j'ai clôturé, de tranchants barbelés,
L'enclot, les plantations, pour mieux les protéger.
Je retournai la voir, pour lui redire encore,
Que jardiner pour elle n'était pas un effort.

Tout autour du gazon, des lys et des lilas,

Des roses, des primevères et puis du mimosa.

Le jardin je l'avais retourné, réinventé.

Tout lui appartenait, y compris mon été.

J'ai alors écouté, les oreilles ouvertes,

Espérant qu'elle verrait comme l'herbe était verte,

Espérant qu'elle saurait que je ne voyais qu'elle,

Espérant ce sourire qui la rendait si belle.

Elle regarda très loin, elle regarda mes bottes,

Crottées de la terre arrachée à quelques mottes.

J'ai croisé son œil las, le noir sous ses sourcils.

Les épaules baissées, elle n'a même rien dit.

Armistice

Dis-moi des mots d'amour,
Mes jambes se sont enfuies,
Elles ont porté secours,
A une âme démolie.

Revêts ton beau sourire,
Pare-toi de tendresse,
Tu rêves et tu respires,
Redis-le-moi sans cesse.

Viens vers moi, approche-toi,
Quel risque faut-il prendre ?
C'est juste ta main, là,
Que je veux voir se tendre.

Nos années ont blessé
Nos âmes sans répit.
Il faut nous consoler,
N'avons-nous rien appris ?

Tu fais tant par amour
Que je n'ai remercié.
D'aucuns diront toujours,
Que nous sommes étrangers,

L'une vient d'Italie
Et l'autre est né Chinois,
Qu'aurait-on déjà dit,
Que l'autre n'entend pas ?

Dans notre belle maison
Qui te doit presque tout,
On a mis des cloisons,
Comme à peu près partout.

Nous avons affronté,
Tellement de tourments.
Et nous allons lâcher,
Les restes du serment.

Un couple de voisins,
Montre tant de tendresse,
Ils ne sont plus très loin
D'atteindre la vieillesse.

Sans doute le présent,
Entièrement les contente.
Vivre tous simplement,
Sans plus aucune attente.

Quel est ce point commun
Qui nous a mené là ?
Est-ce l'orgueil de l'un,
Qui aurait écrit ça ?

Approche-toi de moi,
Et refais le serment,
Ose et embrasse-moi,
Comme il y a vingt ans.

Je ne demande rien,
Si tu ne souhaites plus,
Mélanger nos desseins,
A trop être déçue.

Un jour d'armistice
Ne fête la victoire
D'une personne au supplice,
A la fin de l'histoire.

Quand les belligérants,
Montrent qu'ils ont appris,
Ils en auront du temps,
Ils en sauront le prix.

Ces deux-là avaient tout

Ces deux-là avaient tout,
Un serment et du temps,
Trois enfants, un matou,
L'amour et pas d'amant.

Pour construire le mur,
Ils s'y sont mis à deux.
De querelles en blessures,
Une cloison jusqu'aux yeux.

Ils auront tant voulu,
Voir l'autre se changer,
Qu'ils ont à peine connu,
La douceur de l'été.

Un mot ou un chahut,
Suffisait à reprendre,
L'histoire à son début,
Sans pour autant comprendre.

Ces deux-là avaient tout,
Et ils se sont manqués.
L'humilité taboue,
Les aura fait sombrer.

Aucune larme

En posant la main sur la rampe,
Je sais, c'est la dernière fois !
Elle est finie cette vie-là.
Je vais tout droit, ce soir je campe.

Dernier regard pour la bastide.
Ça brûle dedans, pourtant c'est vide.
Mes mains sont moites, mon âme livide.
Un choix de vie que je suicide.

Seule mon ombre a conservé,
Contact au sol, quand je lévite.
Le cerveau plat, dans cette fuite,
Suis-je vivant, ai-je rêvé ?

Aucune larme n'a coulé.
Face au miroir qui me fait face,
Un pantin désarticulé,
Fait pale mine dans la grimace.

La pluie voulait être présent

Et m'a offert, ses grosses larmes,

Comme pour expier avec ses charmes,

Cette douleur que j'ai dedans.

Je suis assis au bord du lit.

Le poids du soir plombe mes bras,

L'histoire est morte et vient la nuit,

Tout recommence ce soir-là.

Elle me réveille

Chaque matin, elle me réveille.

Le ventre noué, la tête pleine,

La sensation, couleur vermeille,

Brûle mon sang, grille mes veines.

Elle n'est pas là, elle est si loin.

On s'est quittés, comme le refrain,

De deux amants, qui cherchent ailleurs,

Un sens de vie dans le bonheur.

Chaque matin, elle me réveille.

Et puis la morsure s'endort,

Et l'aurore me souffle à l'oreille,

Une chanson multicolore.

La guitare

Cette guitare ne démange pas,
Ni mes phalanges, ni mes doigts.
L'instrument a perdu son âme,
Un jour d'été, un jour sans flamme.

Car la valeur de l'instrument,
N'a rien à voir avec le bois,
Dont le luthier a fabriqué,
Dans son sous-sol, la clé de fa.

On est si peu, si rien sur terre,
Qu'il est heureux, qu'avant la pierre,
On puisse donner, à l'amitié,
L'espace qu'on veut sans un critère.

L'objet n'est plus, dans l'horizon,
De mon regard, de mes chansons.
Il a le prix de l'espérance,
On perd surtout dans la vengeance.

La main dans le sac

Elle est étrange la sensation,
La seconde de désillusion.
Quand vient le coup de l'intérieur,
Dans l'estomac et dans le cœur.

Un mois déjà de rêves noircis,
Qui me réveillent le matin.
Quand la brulure coupe ma nuit,
Et me laisse là, près du ravin.

S'avouer le nom du forfait,
Fut bien une difficulté,
Quand il s'agit de la moitié,
Avec qui on a tout partagé.

La maison

Il est des règles d'or,
Qu'il s'agit de bien suivre,
Mettre une pièce au nord,
Fera venir le givre.

Un maçon vous dira
Quel est l'ordre des choses.
Aucun ne construira,
Sans bases qui s'imposent.

J'ai construit ma maison
Aux soleils des saisons
Un choix d'exposition,
Sans accréditation.

Le goût dans les couleurs,
Est affaire de style,
J'ai passé bien des heures,
A en choisir les huiles.

J'ai pris l'eau des montagnes
Pour emplir la piscine.
Une eau couleur marine,
Fondue dans la campagne.

Il m'a fallu du temps
Pour faire cuire les tuiles
Qui couvrent mon dedans,
D'un chapeau hydrophile.

Pour la porte j'ai pris,
Les plus belles matières,
Accueillir ses amis,
D'une jolie manière.

La maison a fini
En un tas de gravats.
Un souffle aura suffi
A tout remettre à plat.

Pourtant je le savais
Tant me l'ont souvent dit.
On me l'a enseigné
Mais je n'ai pas appris.

Ne construisez jamais
Votre vie sur du sable
Les plans que vous ferez,
Seront inapplicables.

Ce matin j'ai posé
Sur le sol deux cailloux
Et j'ai bien vérifié
Qu'ils tenaient droit, debout.

Je vais recommencer
A zéro ma bâtisse.
Aucune pierre scellée
Ne sera plus factice.

Le royaume

J'ai pris des amulettes, les services d'un mage,
Le livre des secrets et des potions de sages.
On a pris ma maison, souillé mon souvenir,
Je suis resté debout, privé de mon empire.

On dit beaucoup de choses aux rues de la cité.
On dit le roi fuyait au premier coup de feu.
On dit que comme roi, il n'a su gouverner
Que sa propre couronne et ses plus proches dieux.

On dit qu'il a laissé sa reine aux oubliettes,
Privée de son soleil, enfermée dans la tour.
On dit que ses victoires, se sont jouées alentour
En privant son royaume, de la moindre des fêtes.

On dit que sa justice s'exerçait sans jugement.
Que sa loi était forte pour certains seulement.
On dit également que le roi assume tout,
Il n'a rien fait de bon, il n'avait pas le sou.

Les princes ont pris la place et investi le lieu.

Leurs lois ont remplacé celles du souverain.

La reine fatiguée, a donné son blanc-seing

A ce tout nouvel ordre, des trois victorieux.

J'ai pris des amulettes, les services d'un mage,

Le livre des secrets et des potions de sages.

On a pris ma maison, souillé mon souvenir,

Je suis resté debout, privé de mon empire.

Tomber

Depuis dedans, je sais,
La couleur de la porte.
L'emprunter signifiait,
Continuer sans escorte.

Derrière c'est un tunnel,
Un endroit effrayant.
Quitter une citadelle !
Choisir les larmes, le sang !

Alors je continue,
A tourner dans l'enceinte,
A ignorer l'issue,
A chanter ma complainte.

Ma flamme s'est éteinte,
Et mon regard s'est tu.
Mon guide, c'est ma crainte,
Et il m'aura perdu.

J'ai fini par tomber,
Tout proche de la porte,
J'ai fini par trainer,
Dehors, mon âme morte.

La porte s'est refermée,
Juste derrière moi,
D'autres avaient décidé,
Que l'on ne revient pas.

Le silence tout autour,
Était étourdissant,
Personne aux alentours.
Mes veines brûlaient mon sang.

Une caverne étroite,
Me servit de refuge,
A gauche et puis à droite,
Ruisselait le déluge.

Des esprits tout là-haut,
M'auront porté secours,
Dans les premiers sursauts,
J'ai cherché des recours.

Quand la brindille prit feu,
Eclairant mon repaire,
J'ai vu le paresseux,
Mourir de ne rien faire.

La lumière est venue,
Un jour, éblouissante.
Il n'y a qu'une issue,
A vingt ans, à cinquante.

La cabane

Ce soir mes draps n'auront que moi
A réchauffer et à couvrir.
Je ne veux pas savoir pourquoi
Ça m'empêcherait de dormir.

Cette petite cabane en bois
Est mon royaume, sans festin.
De tout ici, je suis le roi,
En particulier du matin.

Il n'y a rien dans ce chez moi
Qui ferait rêver un voisin.
Pourtant j'y cache un précieux bien,
Un feu de rien, un feu de joie.

Fallait pas !

On ne peut pas infiniment,
Sans avoir l'air,
Utiliser ses sentiments,
Comme un faussaire.

On ne peut pas infiniment,
Dans l'arbitraire,
Médire sur lui, sur son amant,
Sans s'en défaire.

On ne peut pas infiniment,
Juger son frère,
Et distiller les mêmes tourments,
Mieux vaut se taire.

On ne peut pas infiniment,
En lapidaire,
Tailler des mots en arguments
Périscolaires.

On ne peut pas infiniment,

Se dire grégaire,

Et ne voir de bons sentiments,

Que chez ses pairs.

On ne peut pas infiniment,

Ecrire des vers,

Et s'en servir uniquement …

Dans la colère !

Le locataire

Il se croyait en zone amie,
Heureux et fier,
Considéré comme un mari,
Le locataire.

Il ne pensait qu'à l'infini,
La terre entière,
A sa femme heureuse et chérie,
Le locataire.

Il s'est battu, jusqu'au défi,
Jusqu'à la guerre !
Si seulement elle avait souri,
Au locataire.

Il finit par sortir du Puy,
Le locataire,
Pour trouver un endroit à lui,
Sans mandataire.

Il n'avait aucun alibi,
Chez le notaire,
Quand elle avait si bien décrit,
Son locataire.

Et le voilà bien aujourd'hui,
Propriétaire,
De son parcours et de sa vie,
Pleine et entière.

Je me suis trompé

Un tout petit enfant,
Ne sait que le sourire.
L'espace de ses dents,
Est tout ce qu'il sait dire.

Dehors tout est trop grand
Il ne veut pas grandir.
Et c'est en rougissant,
Qu'il trahit l'avenir.

Lui seul s'en veut vraiment,
A force de complaire.
Il en est bien conscient,
Mais il choisit la guerre.

Les pistes sont immenses,
Quand on est court sur pattes.
Il n'aime pas la danse,
Et il se carapate.

Un jour, le vent forcit,
Les augures grimacent.
Un orage et depuis,
Il a perdu la face.

Il ne restera pas
Plus longtemps à la place,
De celui qui s'en va,
Avant le temps qui passe.

Il ne reste plus rien,
De son embarcation,
Il ne regrette rien,
De sa disparition.

Le pardon

Tu as été ma vie,
Formé tous les contours,
De ce que j'ai écrit,
Comme une histoire d'amour.

Je rêve encore des draps,
Qui ont ensorcelé,
Nos amours, nos combats.
J'en ai été chassé.

Nos univers formaient,
Un espace doré.
Ils seront désormais,
A jamais divisés.

Ce soir je ne veux plus,
Te voir en face de moi.
Roméo est déchu ?
Il ne reviendra pas !

Cette séparation,
Montre bien des vertus.
Après les illusions,
Nous voici mis à nus.

Elle est laide l'image,
Que m'envoie ma rétine.
Elle est ternie la page,
Qu'aujourd'hui on termine.

Ma colère est précieuse,
Elle est mon nouveau guide.
Elle n'est pas lumineuse,
Elle me rend intrépide.

Et cette humeur est saine,
Elle m'aide à éclairer,
Les raisons de nos scènes,
Conflits organisés.

C'est elle qui me conduit,
C'est mon étoile du Nord.
C'est elle mon énergie,
Quand je vis, quand je dors.

Grâce à elle, la mémoire,
Qui peut me faire défaut,
Me revient chaque soir,
Et construit mon credo.

Le regard du mépris,
Injuste et manifeste,
Devrait être banni,
Pour qui n'a pas la peste.

J'accepte la critique,
Il y a beaucoup à dire,
Mon ombre maïeutique,
M'a même fait blêmir.

Me séparer de toi,
Errer sur un trottoir,
Ont renforcé ma foi,
De répondre au miroir.

J'accepte la critique,
Elle est bien méritée.
Mais les lois mécaniques,
Imposent l'égalité.

Cent fois je suis venu,
T'offrir un calumet.
Cent fois j'ai entendu,
Quelle guerre tu préférais.

Tu n'as pas entendu,
Le bruit assourdissant,
Que fait ta main tendue,
Sur la joue d'un amant.

Tu n'as pas voulu voir,
La marque des blessures,
Que tes bourrasques noires,
Infligent aux créatures.

On n'est pas responsable
Des autres, de leurs desseins.
Mais ce serait le diable,
S'il n'y avait pas de lien.

Je n'ai plus peur de toi,
De ton verbe de feu.
Il est question de choix.
Le mien est silencieux.

Tu peux tirer sur moi,
Autant que bon te semble.
J'aurai su rester droit,
Alors que le sol tremble.

Quand tu liras ces lignes,
Tu te reconnaîtras.
Je me fiche des signes
Que les autres m'envoient.

Quand tu liras ces lignes,
Nous serons éloignés,
Il n'est plus de consignes
Que tu puisses donner.

C'est la guerre entre nous,
Ou peut-être autre chose.
Mais nous tenons le bout,
De cette sinistrose.

Si seulement une fois,
Ce n'est rien demander,
Tu avais fait le choix,
De vraiment t'approcher.

Plutôt que de rester,
Plutôt que de défendre,
Plutôt que d'expliquer,
Sans rien vouloir entendre.

Je me sais bien partial,
A dire cette vérité.
Ma colère viscérale,
Elle, est, bien justifiée.

Il m'a fallu du temps,
Pour poser cet anneau,
Qui pendant très longtemps,
M'a privé de repos.

Ce symbole iconique,
De notre vie à deux,
Que de façon cyclique,
Tu me jetais aux yeux.

Je reviendrai chercher,
Dans la jolie caverne,
Tout ce que j'ai laissé,
La moindre baliverne.

Je ne vais pas lâcher,
Un seul de mes mouchoirs
Pouvoir laisser penser,
Ou même laisser croire.

Alors tu reprendras,
Le nom que tu portais,
Avant que tu me voies,
Comme un signe d'été.

Ce moment nous délivre,
Il répond à ton souhait.
Ainsi tu seras libre,
Tel que Dieu nous a fait.

Alors il sera temps,
De laisser ma colère,
S'éloigner lentement,
Et prendre d'autres airs.

Et alors seulement,
Je ferai le serment,
De pardonner vraiment,
Silencieux, justement.

Vienne

Il voulait y aller
Danser au cœur de Vienne,
Repeindre leur été,
Sur des couleurs lointaines.

C'était un coup de dés,
Qu'on lance vers le ciel.
Le vent a effacé,
La petite étincelle.

Ils n'y sont pas allés,
L'Autriche les attendra.
Quelqu'un a dû prier,
Pour qu'ils ne viennent pas.

Tourner la page

Sans ailes, on peut toujours s'enfuir,
Mais s'il s'agit de s'envoler,
Mieux vaut sagement obéir,
Aux humeurs du ciel courroucé.

Il aura suffi d'un sourire,
Pour entendre la pluie chanter.
Il aura suffi d'un sourire,
Pour entrevoir le ciel d'été.

La page est en train de frémir,
Elle va bientôt se tourner.
Quelques cris et quelques soupirs ...
Et le vent pourra se lever.

Les nuages se font éconduire,
Et le soleil vient réchauffer,
La place des statues de cires,
Qui n'auront même pas bougé.

Peut-être mieux, peut-être pire,

Que durant les vingt ans écoulés.

Demain pourrait nous le dire,

Je pars maintenant le chercher.

Nouveau nez

Faut dire que l'appendice,
Qui me servait de nez,
M'aura mis au supplice,
L'espace d'un été.

Il a fallu creuser,
Couper et puis recoudre.
Au lieu de s'allonger,
Mon nez a pris la foudre.

Mais jamais la moutarde,
N'est montée assez haut,
Pour faire baisser la garde,
A mes nouveaux drapeaux.

Il y a un an déjà,
J'ai choisi l'escampette,
Je regardais trop bas,
Le bout de ma trompette.

Elle a voulu mener,
Son chien ou « quelque chose »,
A se défigurer,
A la métamorphose.

J'ai fini par lever,
Les yeux et les épaules,
Elle aura trop chauffé,
L'étroite casserole.

Aujourd'hui je le pointe,
Le nouvel instrument,
Sur les cibles atteintes,
De quand j'étais enfant.

Ça se passe dehors,
Dedans ou quelque part,
Ce n'est pas un effort,
C'est un nouveau départ.

Manipulations

Elle était sagittaire, il était bisontin.
Elle était sédentaire, il était en chemin.
Elle aimait la lumière, il regardait au loin.
Elle était cuisinière, il appréciait le vin.

Elle venait de la mer, il aimait les sapins.
Elle vénérait hier, il pensait à demain.
Elle était assez fière, il était incertain.
Elle cachait un mystère, il n'était pas devin.

Il aimait ses manières, elle aimait le latin.
Il lui offrit un verre, pour demander sa main.
Elle casserait des pierres, si c'était leur destin.
Alors, ils se marièrent, au milieu des embruns.

Demi-sœur, demi-frères et deux maisons chacun,
Elle venait pour son père, juste parce qu'il y tient.
Eux ne voient que leur mère, l'autre parent est loin.
La règle c'est un tiers. Si t'es pas là, c'est moins.

Elle était budgétaire, il perdait ses bulletins.
Il craignait la misère, elle était au turbin.
Elle était rancunière et il n'y pouvait rien.
Il devenait amer, quand elle se tenait loin.

Elle prit du limonaire, l'amour des refrains
Répétant en prières, qu'elle ne croit plus en rien.
C'est l'art et la manière, d'ériger avec soin,
La moindre taupinière, comme un sommet alpin.

Il bouclait sur un air, sa guitare à la main,
Quand d'une humeur austère, il recompte les points,
Nul besoin d'adultère, pour se sentir si loin.
Pourquoi pas le désert, mais un sourire au moins.

Elle finit par se taire, pour parler à son chien.
Il était en colère, quand elle ne voulait rien.
Alors ce fut la guerre, la guerre sinon rien.
Elle voulait un setter, ils prirent un lapin.

Tous deux quinquagénaires, ils ne manquaient de rien.
En tenue de cerbère, elle gardait son jardin.
Il mordit la poussière, elle se lavait les mains.
Il passa la frontière, de nouveau souverain.

Il n'y a qu'un hier et tant de lendemains,

Si jamais on t'enterre, ne lève pas la main.

Surveille tes arrières et passe ton chemin.

Des griffes les plus fières, s'échappent les pantins.

Derniers mots

Le livre prend fin samedi,
A la saison que tu crains tant,
Quand trois mois avant le printemps,
Le ciel est court, le ciel est gris.

Je viendrai prendre mes affaires,
Et celles de ma fille en silence.
Je te prierai de te taire,
Comme je tairai ma méfiance.

Nous n'aurons rien à partager,
Ni un regard, ni un café.
Je viens juste pour parapher,
Le bas d'une page, déjà tournée.

Ni toi, ni moi, n'avons le choix,
C'est désarmés que nous verrons,
Nos lendemains et nos émois,
Trouver la paix, que nous cherchons.

équipage

Héritage

Le noir est fade, quand on compare,
Une couleur à un départ.
Ce jour a lieu, ce jour terrible.
Tant redouté et indicible.

Plus tu es loin, plus tu t'approches.
Au quotidien, tu es bien là.
Chaque chanson et chaque cloche,
Dit la musique de mon papa.

Ton bras me guide à chaque endroit,
Où j'ai besoin de chaud de froid.
J'ignorais que tu étais le roi,
De l'horizon que guide mon pas.

Ma fille

On lui a enseigné l'histoire du chien, des quilles.
Elle en a tant pleuré, mouché son cœur en vrille.
Elle aura tant cherché mon regard, ma pupille.
Elle aurait tant voulu avoir un père, ma fille.

On lui a enseigné l'histoire du chien, des quilles.
Elle n'a pas entendu le chant des peccadilles,
Que l'on voulait changer, travestir en bisbilles,
Pour juger les voisins, comparer les familles.

On lui a enseigné l'histoire du chien, des quilles.
Les sourires cachaient mal la tête des torpilles.
La ficelle était grosse, pour le chas de l'aiguille.
L'enfant y a puisé, une âme de bastille.

Ma fille guide son chien, au parc des Morilles.
Elle lui a enseigné, à flairer les vétilles,
A se méfier de ceux, qui s'en prennent aux brindilles,
Comme un renoncement à cacher leurs béquilles.

Tomber

Parmi les plaisirs simples, figure la lecture,
Celle qui rend possible, les plus folles gageures.
Celle qui sait se jouer en quelques écritures,
De profonds sentiments, en enjambant les murs.

Ma sœur il y a deux jours, m'a offert un ouvrage,
Un pavé étonnant de plus de huit cents pages,
Qui tient vos émotions, d'un mot jusqu'au suivant.
Un bouquin qui s'amuse, des yeux et puis du temps.

Au livre prometteur, j'ai trouvé une place,
Qui inspire aujourd'hui, le pas que je dirige.
Chuter est expérience vertueuse, efficace.
J'écris, j'écris, j'écris, je tombe et je corrige.

Dodo

Il était une étoile, qui dans le ciel noir,
Savait si bien briller que certains ont pu croire,
A son éternité, comme à une évidence.
Dans la lumière bleue, un peu plus haut, elle danse.

Il était une étoile, qui dans le ciel noir,
Savait mieux que personne, vous raconter l'espoir,
Comme on offre un cadeau pour vous montrer l'enfance.
Dans la lumière bleue, un peu plus haut, elle danse.

Il était une étoile, qui dans le ciel noir,
Arborait l'élégance de l'aube jusqu'au soir,
C'était son jeu à elle de désobéissance.
Dans la lumière bleue, un peu plus haut, elle danse.

Elle est partie l'étoile, sans l'ombre d'un mouchoir,
Rassurez-vous partout et sans se faire valoir,
Elle chante en lumière, elle chante en silence.
Dans la lumière bleue, tout près de vous, elle danse.

Enfant de ...

C'est un frisson, comme un éclair,
Qui parcourt mon dos, mes artères,
En pensant à ce moment-là,
Quand le bébé teste le froid.

Ce moment unique et divin.
D'un ventre rond, sort le dessein,
D'une vie d'homme ou bien de femme,
Voilà Monsieur, voilà Madame.

Et je repense, à cette soirée,
Ou ma fille fut si vite arrivée,
Que les pompiers m'ont indiqué,
Que je devrais la libérer.

Alors je pense intensément,
A ce que peut vivre une maman,
Quand on lui tend son nouveau-né,
Qui vient à peine de respirer.

Quand je te vois petite maman,
Que je repense à ce moment,
Je comprends seulement aujourd'hui,
Ce grand mystère d'être accueilli.

J'en ai cherché des situations,
Pour t'écrire, à ma façon,
Pour te dire, cette émotion,
D'être ton fils, ton rejeton.

Je vais changer mes habitudes,
Et laisser faire, mon inquiétude,
Pour ne lutter d'aucune façon,
Laisser cette plume, dire oui, ou non.

Il est si bon d'être ton fils,
De voir avec quel courage,
Tu te relèves des outrages,
Que la vie a mis en coulisse.

Il est si bon d'être ton fils,
De saisir la taille de ton cœur,
Qui accueille chez toi à toute heure,
D'un plat unique aux dix épices.

Il est si bon d'être ton fils,

Tant de soucis, tant de mourrons,

Pour une fille et trois garçons,

Tenir les comptes, faire la police.

Il est si bon, d'être ton fils,

De t'avoir toi comme maman,

Prête à n'importe quel sacrifice,

Pour peu que nous soyons contents.

Il est si bon d'être ton fils,

De pouvoir dire, ce que mes gènes,

Portent en eux, jour et semaine,

Ce moment-là était propice.

Il est si bon d'être ton fils,

Fils de maman, dessinatrice,

Au cœur grand, au dessin sûr,

Qui chaque matin, soigne sa nature.

Il est si bon d'être ton fils,

Qui par seul goût sans exercice,

Aime la vie, en démesure,

Sourit de tout, jolie posture.

Il est si bon d'être ton fils,

De te voir, exploratrice,

Frankfort ou Prague, hier ou demain,

Et la jeunesse comme dessein.

A la vie, à papa, à mes frères,

A Marielle, à la joie, aux grands-mères,

A tes bras, à ta joie, toute entière,

Maman, joyeux anniversaire !

L'archange

Il est devant son feu, semble un peu assoupi,
Faut dire que son travail, lui laisse peu de répit,
Quand du soir au matin et du matin au soir,
Il vous faut tout gérer écrire des histoires.

Devant lui, de la terre, qu'Il a formé en boule,
Avec une cuiller, éclairé d'une ampoule,
Il façonne les œuvres, de chaque destinée,
Mais de qui s'agit-il, l'aurez-vous deviné ?

Il y a cinquante ans, Il est donc endormi,
Quand son archange accroche la manche de sa veste,
Patron, réveillez-vous, du travail il vous reste,
La terre va sécher, vous n'avez pas fini.

Ceux qui n'ont pas compris, je vous le fais savoir,
Il s'agit bien de Dieu, dans son laboratoire,
Qui un soir de printemps, finit la conception,
D'un tout petit enfant, ... de ce charmant poupon.

Il se frotte les yeux, regarde la pendule,
Il est bientôt minuit, l'archange avait raison.
Bon Dieu, je m'y remets, où est mon fascicule ?
Dis l'archange va chercher, les pots et les bidons !

Dix minutes se passent quand revient le second,
Portant le matériel requis par le Patron.
Tu en as mis du temps, j'ai bien failli attendre,
Faut-il que je crie, pour bien me faire entendre ?

L'archange ne dit rien, prépare les potions,
Dont son boss a besoin, en phase de conception.
Pourtant vexé, dans sa barbe, il bougonne,
Encore un seul sermon, j'appelle les gilets jaunes.

Il s'attaque à la terre, qu'il a formé en boule,
Et commence à sculpter, à la main et sans moule.
Mais il pense déjà, là est bien l'essentiel,
A ce qu'il faut dedans, sous le cadre corporel.

Nous sommes dix ans plus tard, Dieu se sent l'âme légère,
Toujours devant la terre, sculptée à la cuiller.
Il entreprend alors, la sculpture d'une âme,
Destinée à Grenoble, les parents la réclament.

Quelque chose a changé dans l'organisation,
Que je dévoile ici, c'est à votre intention.
L'archange porte un gilet, d'un jaune très fluo,
Dès qu'il n'est pas content, ou qu'il a mal au dos.

Dieu est devant son œuvre, il en a l'air content,
Il est maître pour faire, de biens jolis enfants,
Il regarde l'ouvrage, interroge son grimoire,
« Grenoble », dis mon lutin, rafraichis ma mémoire.

Ça me dit quelque chose, c'était il y a dix ans,
Retrouve la recette, je prends des notes sur tout,
J'avais fait une compo, pour l'homme et la baronne,
Un truc un peu spécial, j'en ferais bien un clone.

L'archange, furax, sait ce que cela signifie,
Il va falloir aller chercher dans le grenier,
Le registre des notes que Dieu a consignées,
Dans des livres épais, une vraie librairie !

Une page par enfant, depuis des millénaires,
Les doses et la chimie, les secrets du divin,
Tout est enregistré, sur le même formulaire,
Le corps lui est décrit, sous plusieurs dessins.

« Mille neuf cent soixante-neuf, février…, mars…, avril ! »
Les pages sont jaunies, mais l'encre indélébile.
Ça y est j'ai retrouvé les notes que j'ai prises !
Je n'ai pas de mémoire, mais la lettre est précise. »

« De l'eau hospitalière, des huiles essentielles,
Mélanger à la terre et laisser reposer,
Trois gouttes de tempérite, sans rien d'artificiel,
Une feuille de bonne humeur, à bien laisser tremper. »

« Bien mélanger le tout à trente-sept degrés,
Ajouter du bon sens et du tempérament,
Y mettre du gros sel et des bons sentiments,
Attendre dix minutes, commencer à sculpter ».

Et puis tout à la fin, Dieu avait noté,
En gras et encadré, « mettre de la musique,
Le sens de l'accueil, de l'hospitalité,
Sur les choses essentielles, surtout pas lésiner ».

En rouge, en bas à droite, il a même dessiné
Un organe cardiaque, sur dimensionné,
Un gros cœur généreux, et très bien implanté,
« Sur les choses essentielles, surtout pas lésiner ».

Voilà, vous savez tout, de que qu'il s'est passé,

Il y a cinquante ans et puis dix ans plus tard,

Juste avant la naissance de ces deux jeunes gaillards.

Céline, Eric, Joyeux anniversaire !

Lumineuse

Ce matin, je marchais, sur fond d'incertitude,
Sans rien vouloir compter, sans place pour l'habitude.
Je n'en attendais rien, je n'étais pas armé.

J'ai dû laisser ouverte, une porte dérobée.
La lumière a d'abord irisé ma rétine,
Amenant l'heure d'été que le printemps dessine.

Au troisième jour

Asseyez-vous ici et suivez les consignes,
On ne parlera pas, sauf avec quelques signes,
Tant que vous êtes là, aucun de vos cerveaux,
Ne peut intervenir, sauf en fin de travaux.

D'abord, je veux savoir ce que vous ignorez,
Ecrivez en dessin, ce qu'ensemble vous feriez,
Si demain, ou ailleurs, il ne vous restait rien,
Et que de vos couleurs, survenait un dessin.

Inventez un projet, imaginez l'histoire,
Qui saurait raconter, les rues de vos mémoires,
Aucune volonté, ne devra dominer,
Ce que votre animal, s'évertue à créer.

Et au troisième jour, il vous faudra trouver,
Quel maillon de la chaîne, qui scelle votre force,
Permettra en s'ouvrant, d'entrebâiller l'écorce,
D'où émerge un espace de visibilité.

Le projet dont on parle, vous enseigne lui-même,

Que vos incertitudes, sont un sérieux atout,

Pour engager ensemble, à côté des tabous,

Et inventer sans dogme le prochain théorème.

Viendra alors le temps de l'œuvre académique,

Où debout devant nous, votre déclinaison,

Nous sera exposée en revue systémique,

De ces cinq jours passés pour une proposition.

Douce incertitude

Au creux des yeux, brillent des larmes,
D'un cœur joyeux, qui désarçonnent.
La volonté de prendre une arme,
La volonté qu'on abandonne.

Douce saveur d'un goût sucré,
Qui ignore jusqu'à l'habitude,
De vouloir tout anticiper,
Et qui s'inspire d'incertitude.

Entre le but et le chemin,
D'aucuns pourraient voir la lumière.
Un pied ou l'autre et sans mystère,
L'un tient le monde et l'autre rien.

Cao Minh

Cao Minh est taxi.
Il est très délicat.
Il conduit à Paris.
La nuit, il ne dort pas.

Cao Minh se souvient
De chacun de ses frères
Il les a embrassés
Quarante ans en arrière.

Sa mère s'en est allée
En juin l'année dernière.
Il l'a accompagnée
En pensées, en prières.

Son pays c'est la France,
C'est la fraternité.
La terre de son enfance
Lui a été volée.

Il a voulu s'enfuir
D'un pays en danger.
Chaque nuit, chaque soupir
Demeure emprisonné.

Il a juste vingt ans,
Quand il fuit le Vietnam,
Comme aîné des enfants,
Il veut Rome ou Paname.

Il rencontre l'enfer,
Des mois dans un rafiot.
Compter les corps en mer,
Voir mourir, sans un mot.

Il croise le désespoir
D'une fille outragée.
Il pleure dans son regard.
L'horreur a des alliés.

Les tempêtes ont souvent
Raison des barques en mer.
La sienne est un mystère
Qui joint le continent.

Ils sont partis deux cents
En donnant leur fortune.
Lui et les deux devant
Pourront revoir la lune.

Cao Minh est taxi.
Il est très délicat.
Il conduit à Paris.
La nuit, il ne dort pas.

Comme un lundi

Il est sucré le vendredi
Comme on déguste un caramel
Avant même d'en goûter le miel
Juste avant que ce soit écrit.

Pourtant j'ai haï les dimanches
Trahi par une page blanche
Qui toute la journée me poursuit
Sans se lasser et sans répit.

Mon père m'a légué l'impatience
De ce mal indiscipliné
Qui vous fait croire à une offense
S'il faut un jour se reposer.

L'affaire pourtant n'a rien à voir,
Avec le cœur que l'on n'a pas,
Pour s'extirper de ses beaux draps,
Et faire le feu sous la bouilloire.

Si un souvenir peut m'aider,
Et qu'apprendre peut avoir un sens,
Sur le mur je vais punaiser,
Une soixantième croyance.

Quand notre nez colle au pare-brise,
Aucun doute que l'on y voit mieux,
Mais la sensation de maîtrise
A quelque chose d'aventureux.

Quand, à distance, on veut rester,
Qu'on sent ses jambes se dérober,
Peut-être faut-il considérer,
Ce qui en soi, veut s'exprimer.

Les miroirs savent tout de nous,
Eux au moins peuvent se regarder.
Demandez-leur autour de vous,
Ils voudront peut-être parler.

Le chemin

Les cousinades ont les couleurs,
Des parfums d'iode et des sapins.
Elles disent quelque chose du bonheur
Venu du cœur de mes cousins.

Putty, Mutty, oncles et tantes,
Rêvent sans doute à nos rencontres.
Certains parlent d'une bonne entente,
C'est peu dire de ce qu'on y montre.

Hier, le soleil s'est voilé.
Un nuage pourtant coriace,
Se serait laisser emporter
Laissant son cœur sans interface.

Hier, le soleil a changé.
Le ciel a pris d'autres couleurs.
Les ombres se sont fait porter,
Et les cloches ont changé d'humeur.

Fred est parti sans prévenir,
Il n'a pas donné de consignes.
Quoi continuer ou quoi finir,
Y a-t-il quelque part, un signe ?

Pourtant on peut compter sur lui,
Il se fait rarement surprendre.
Son message aura été dit,
Il ne nous reste qu'à l'entendre.

Chacun l'a bien dit dans l'église,
Cinq cents personnes l'ont entendu.
En famille ou en entreprise,
Fred est un homme bien résolu.

Cultivé et papa modèle,
Il aime rire, il aime jouer.
Mauvais perdant, ami fidèle,
C'est un mari attentionné.

L'âme de Fred est si robuste,
Qu'on peut s'en inspirer à plusieurs.
Pour peu que nos questions soient justes,
Il y répond avec ardeur.

Nul ne sait où Fred est parti,
Mais ils ont suivi le chemin,
Quelque part en Scandinavie,
Qu'il leur a montré avec soin.

On est là, sauf à disparaître
Du cœur de ceux qu'on a aimés.
Voilà bien une raison d'être,
En espérance et dans la paix.

Back home, again

Back home again,
Too long. Two pains,
The wind is in my hair.
Did I really dare ?

Back home again,
An heavy chain,
Drove me to ground.
That's all I found.

Back home again,
Don't need to gain.
It's so silent.
That's where I went.

Frères

Ta douleur est la mienne,
Et ton bonheur le mien.
Cette blessure ancienne
Est un secret commun.

Quelles que soient les croyances,
Je saurai oublier,
Nos propres suffisances,
A vouloir expliquer.

Les haches sont utiles,
Quand elles sont enterrées,
Dans une terre fertile,
Qu'il ne faut pas creuser.

Mon frère, mon ami,
La foi que j'ai en nous,
Viendra à bout de tout,
Quand nous aurons appris.

dérapage

La terre abandonnée

Certains voulaient la fin d'un monde,
Une terre plate,
Dégommant la planète ronde,
De ses primates.

Ecœurante et nauséabonde,
L'ombre autocrate,
Commandaient les cervelles blondes,
Les automates.

Elle existe la fin du monde,
La renégate.
Quelque part sur la terre ronde,
Quelques stigmates.